QUESTIONS SUR

LES BANQUES

D'ÉMISSION

PAR

M. CUCHEVAL-CLARIGNY.

Prix : 1 franc.

PARIS

TYPOGRAPHIE DE HENRI PLON

IMPRIMEUR DE L'EMPEREUR

RUE GARANCIÈRE, 8.

1864

CONSIDÉRATIONS

SUR

LES BANQUES D'ÉMISSION.

Divers écrits ont été répandus à profusion, dans ces derniers mois, pour préconiser la pluralité des banques d'émission comme un moyen d'arriver à la fixité du taux de l'escompte. Ce sont là des idées aujourd'hui rejetées par tous les esprits sérieux, et qu'on ne devait pas s'attendre à voir remettre en lumière ; mais puisque plusieurs journaux, et notamment le *Journal des Débats*, à propos d'une lettre excellente de M. Bartholony, ont cru devoir les examiner et leur ont donné une certaine approbation, nous en dirons aussi quelques mots.

I

Chaque fois que l'on soulève cette question de la pluralité des banques d'émission, on ne manque jamais de mettre en opposition les bienfaits de la concurrence et les inconvénients du monopole. On espère ainsi créer une confusion dans les esprits et persuader au public qu'il est intéressé dans un débat où ne sont engagées que des spéculations privées. Est-il besoin de dire qu'il n'y a point en France de monopole en matière de banque, et que le commerce y jouit de tous les avantages que la concurrence peut assurer? Vous trouvez que la Banque de France est trop sévère dans le choix du papier; qu'elle a tort de ne vouloir point escompter à plus de trois mois et d'exiger trois signatures? N'avez-vous pas à Paris le Comptoir d'escompte et plusieurs autres établissements qui opèrent à des conditions différentes? N'existe-t-il pas en province une foule de caisses qui ont pour objet l'escompte du papier? N'est-il pas loisible d'en créer de nouvelles qui offriront au commerce, à leurs risques et périls, toutes les facilités que vous déclarez indispensables et sans danger? La loi sur les sociétés à responsabilité limitée ne donne-t-elle pas pour cela des facilités dont on profite déjà et qu'il est question d'accroître encore? Mais quel rapport existe-t-il entre les services que les banques, comme institutions de crédit, sont appelées à rendre au public, et la faculté d'émettre des billets au porteur et à vue?

Il nous est impossible d'apercevoir, au point de vue des services que le commerce attend des banques, les avantages d'un papier de circulation multiple sur un papier unique : jusqu'à démonstration du contraire, nous maintenons que la théorie est muette à cet égard. Quant à la pratique, si l'on en doit juger par l'expérience des nations commerçantes, elle est toute en faveur de l'unité de la monnaie fiduciaire.

Il est un autre point qu'on a également négligé

d'établir et qui aurait, cependant, exigé une démonstration rigoureuse? C'est le rapport que l'on prétend exister entre l'abondance de la monnaie fiduciaire et le taux général de l'intérêt. La multiplication des billets de banque peut être un surcroît de commodité pour le commerce, mais comme elle n'ajoute rien à la somme des capitaux d'un pays, il est malaisé de voir comment elle pourrait influer sur l'escompte, qui n'est autre chose que le loyer des capitaux disponibles. Il est même à remarquer que les contrées où la disproportion entre la monnaie métallique et la monnaie fiduciaire est la plus grande, comme les États-Unis, l'Autriche ou la Russie, sont celles où l'intérêt se maintient au taux le plus élevé. Nos prétendus réformateurs ont donc pris pour point de départ une proposition qui est au moins très-discutable, et dont il serait facile de démontrer la fausseté. Mais nous ne voulons point entrer dans cette discussion qui a été épuisée par M. V. Bonnet, dans un travail très-solide et très-concluant (1).

La réforme que l'on prêche avec tant de fracas ne saurait avoir aucun des effets que l'on promet au public; mais avant de discuter cette panacée financière, examinons la réalité des griefs sur lesquels on se fonde pour réclamer le changement de notre législation.

La fixité absolue du taux de l'escompte est, comme la quadrature du cercle ou le mouvement perpétuel, une de ces impossibilités que des esprits chimériques

______

(1) Voir la *Revue des Deux-Mondes* du 1er janvier 1864.

1.

peuvent seuls poursuivre. Aussi s'en tient-on à reprocher à la Banque de France comme à la Banque d'Angleterre une mobilité excessive. On devrait se douter,
cependant, que, si les deux plus puissants établissements de crédit de l'Europe sont conduits à agir de
même façon, c'est qu'ils obéissent à quelqu'une de ces
lois contre lesquelles les utopistes s'élèvent vainement
et devant lesquelles l'expérience apprend à s'incliner.
D'ailleurs, ce n'est pas seulement à Paris et à Londres
que nos réformateurs trouveraient matière à critiquer;
car, s'ils prenaient la peine de porter leurs regards
plus loin, ils verraient l'escompte varier à Bruxelles,
à Amsterdam, à Hambourg, à Francfort, à Turin; et
à moins de croire que la France et l'Angleterre puis-
sent s'isoler du reste du monde, il faut bien admettre
que le commerce y ressentira le contre-coup des fluctuations du crédit et du mouvement général des affaires.
Si les variations de l'escompte ont généralement moins
d'amplitude dans les places que nous venons de nommer qu'à Paris et à Londres, c'est que les affaires s'y
font sur une échelle infiniment moindre.

Là est aussi l'explication de ce fait, que l'on essaye
de transformer en argument, à savoir que la Banque
de France a pu, pendant près de trente ans, main-
tenir le taux de l'escompte à 4 0/0. Notre commerce
se réduisait alors presque uniquement aux transactions du marché intérieur; nos importations étaient
à peu près nulles; nos exportations peu considérables, et l'Europe ne songeait point à venir chercher
sur la place de Paris les capitaux nécessaires à ses
entreprises. Notre marché ne pouvait avoir alors la

sensibilité qu'il a acquise depuis que nos relations avec l'étranger se chiffrent par des milliards. La stabilité du taux de l'escompte était une preuve de langueur plutôt que d'activité commerciale.

Il s'en faut, d'ailleurs, que la mobilité dont on se plaint soit aussi grande qu'on affecte de le dire. Les chiffres sont là pour répondre aux exagérations systématiques de certains déclamateurs.

Voici quelle a été, pour chacune des onze dernières années, la moyenne du taux de l'escompte à la Banque de France :

1853.	3,23 0/0.
1854.	4,30
1855.	4,45
1856.	5,50
1857.	6,15
1858.	3,70
1859.	3,45
1860.	3,63
1861.	5,52
1862.	5,77
1863.	4,63

Ces chiffres donnent, pour les onze dernières années, une moyenne générale de 4,39 0/0, qui descendrait au-dessous de 4 0/0 si l'on éliminait du calcul les années 1856 et 1857, qui ont été affectées par une des plus fortes crises commerciales que l'Europe ait eu à traverser.

Cette persistance d'une moyenne modérée fera peut-être naître chez quelques esprits irréfléchis la pensée qu'il serait sans grand inconvénient pour la Banque d'adopter un taux invariable qui permettrait au commerce d'asseoir ses calculs sur une base fixe. Ce serait simplement le retour à un état de choses dont l'expérience a fait reconnaître les inconvénients. Cette fixité, dont on s'exagère les avantages, était le but chimérique que le législateur poursuivait lorsque, soit en Angleterre, soit en France, il imposait une limite infranchissable au taux de l'escompte.

Qu'est-il résulté de cette tentative? Tant que le maintien des lois sur l'usure a interdit d'escompter au-dessus de 5 0/0, la Banque d'Angleterre n'a eu, en temps de crise, pour défendre son encaisse, et avec lui la conversibilité de ses billets, d'autre ressource que de réduire la durée des échéances en proportion de l'inégalité entre le taux légal de l'escompte et le prix réel de l'argent. Il est même arrivé à diverses reprises que, ce moyen menaçant de devenir insuffisant, la Banque a dû notifier aux établissements privés qu'elle ne prendrait pas leur papier, même pour l'échéance la plus courte, au delà d'une certaine somme. Chaque fois cette mesure extrême a entraîné de nombreux sinistres : les maisons les plus fortes, aussitôt qu'elles avaient atteint le minimum qui leur avait été alloué, étaient contraintes de refuser le papier de leurs meilleurs clients; et, dans l'impossibilité absolue de trouver de l'argent, des commerçants fort au-dessus de leurs affaires se voyaient néanmoins hors d'état de faire honneur à leurs engagements. C'est cette expérience douloureuse qui a conduit nos voisins à affranchir la Banque d'Angleterre des lois sur l'usure, et finalement à abroger complétement ces lois.

Les mêmes causes auraient produit en France les mêmes effets si nous n'avions profité à temps des leçons du passé. Rappelons-nous l'automne de 1856 : lorsque la banque de France eut porté, le 26 septembre, son escompte à 6 0/0, c'est-à-dire au taux maximum autorisé par la loi, il ne lui resta d'autre ressource, en présence des progrès de la crise, que de raccourcir la durée des échéances. Dès le 6 octobre, en même temps qu'elle réduisait le montant des avances à 40 0/0 sur les rentes françaises et à 20 0/0 sur les actions et obligations de chemins de fer, elle ne prenait plus que du papier à 60 jours au lieu de 90. La loi de 1857, en levant l'interdiction qui empêchait la Banque de France d'élever l'escompte au-dessus de 6 0/0, la dispensa, quelques mois plus tard, lorsque notre pays fut atteint par le contre-coup de la crise anglo-américaine, de recourir aux expédients désespérés auxquels la Banque d'Angleterre était réduite avant l'abrogation des *Usury laws*, et qu'elle-même se serait vue contrainte d'employer.

Se figure-t-on les désastres qui se seraient succédé en France si la Banque, enchaînée par une interdiction funeste, avait été obligée, sinon de cesser entièrement ses escomptes, au moins de les restreindre dans d'étroites limites, et de mettre les meilleures maisons à la portion congrue ? On a déjà fait la remarque que le portefeuille de la Banque de France s'élève rarement aussi haut qu'aux époques où l'escompte est le plus cher. La raison de ce fait est facile à trouver. Quand l'argent est à bon marché, les établissements de crédit gardent par devers eux une partie du papier qu'ils prennent, afin de bénéficier de la totalité de la commission qu'ils prélèvent ; quand l'argent devient moins abondant, force leur est de s'en procurer à la Banque. Si ces maisons n'étaient pas assurées de trouver à la Banque, en échange du papier qu'elles lui présentent, l'argent dont elles peuvent avoir besoin, elles seraient contraintes, ainsi que cela arrivait en Angleterre, de restreindre leurs opérations dans la mesure des avances qu'elles seraient certaines d'obtenir, et de refuser le papier de leurs clients les plus solides. Or, tandis que la cherté de l'escompte impose seulement un sacrifice pécuniaire, l'impossibilité d'escompter peut entraîner la ruine.

Pour peu, d'ailleurs, que l'on cherche à se rendre compte des sacrifices que l'élévation de l'escompte impose au commerce, on ne tarde pas à se convaincre qu'il y a beaucoup d'exagération dans le tableau qu'on en fait. Tout industriel ou tout commerçant qui consent à prendre du papier en échange des produits qu'il vend, sait d'avance que, pour transformer ce papier en argent, il lui faudra subir un escompte ; et il doit calculer son prix de vente en conséquence. Supposons qu'il ait calculé sur un escompte de 4 0/0 et que l'escompte monte à 7 : le papier étant généralement à trois mois, cela représente une augmentation de 3/4 0/0 sur l'escompte prévu. Or, quel est le négociant qui ne se réserve une marge de bénéfice fort supérieure ?

Ce qui a lieu de surprendre, c'est qu'après tous les progrès que l'éducation commerciale du pays a faits, il y ait encore des gens, qui se piquent d'être fort éclairés, et qui persistent à regarder l'élévation de l'escompte comme un fait arbitraire, abandonné à la libre volonté des banques. Il ne dépend pas plus de la Banque de France et de la Banque d'Angleterre de déterminer le prix de l'argent, que de tel ou tel particulier de déterminer le prix du blé ou du vin. Si ces deux grands établissements s'avisaient de vouloir fixer leur escompte au-dessus du prix réel de l'argent sur le marché national, ils ne tarderaient pas à voir leurs bureaux déserts et leur portefeuille vide. Ils ne font que suivre et constater les fluctuations du loyer des capitaux ; mais comme ils sont, l'un en Angleterre et l'autre en France, le grand réservoir des métaux précieux, ils ressentent les premiers et avec plus de force chacune des oscillations qui se produisent dans le mouvement général des affaires ; et en élevant à temps le loyer des capitaux à son chiffre exact, ils entravent et arrêtent des excès de spéculation qui se traduiraient finalement par une crise.

Ces vérités sont comprises à merveille de l'autre côté de la Manche : aussi n'y entend-on point contre la Banque d'Angleterre les plaintes inconsidérées qui s'élèvent contre la Banque de France, chaque fois que l'escompte dépasse la moyenne habituelle. Lorsque le gouvernement anglais, en 1847 et 1857, crut devoir autoriser la Banque d'Angleterre à dépasser la limite légale de ses émissions, il lui imposa en même temps l'obligation de ne point abaisser l'escompte au-dessous de 8 0/0, tant que les billets en circulation excéderaient ce qu'elle avait droit d'émettre en conformité avec le bill de 1844. La Cité fut la première à applaudir à la précaution prise par le chancelier de l'Échiquier. Loin, donc, que nos voisins voient dans l'élévation de l'escompte un sujet légitime de plaintes, le reproche qu'on entend le plus fréquemment adresser à la Banque d'Angleterre est de ne point suivre assez promptement les fluctuations du crédit, et de tarder quelquefois trop longtemps à protéger par des mesures défensives son encaisse, qui est la base commune et le pivot de toutes les transactions. Le commerce anglais sait, par une longue expérience, que la hausse de l'escompte est le moyen infaillible de prévenir ou d'abréger les crises, en faisant rentrer dans la circulation les capitaux inactifs entre les mains des particuliers, et en appelant du dehors tous ceux qui ne trouvent à l'étranger qu'une rémunération moins élevée.

Reconnaissons toutefois qu'en France comme en Angleterre il est une classe de spéculateurs dont les opérations peuvent parfois se trouver paralysées par les variations de l'escompte. Ce sont les gens qui sont chargés de valeurs douteuses, et à qui ces valeurs restent sur les bras lorsque la hausse générale de l'intérêt vient retirer aux actions qu'ils veulent écouler leur principal attrait, la perspective souvent trompeuse d'un gros revenu. Sont-ce là les opérations qu'il convient surtout d'encourager et de favoriser?

Si les variations de l'escompte tiennent à des lois générales, tout à fait indépendantes de l'organisation des établissements de crédit, il est évident que la création et la coexistence d'un plus grand nombre de banques ne sauraient modifier l'action de ces lois éco-

nomiques. Aussi, laissant désormais de côté la question
de l'escompte, nous allons examiner en lui-même, au
point de vue de ses avantages ou de ses inconvénients
propres, le système de la pluralité des banques d'émission.

II

M. Michel Chevalier a pris en main, dans une série
de lettres adressées au *Journal des Débats*, la cause de
la pluralité des banques d'émission. Elle avait grand
besoin de ce secours. Nous avons lu les lettres de
M. Michel Chevalier avec l'attention que mérite tout
ce qui sort de sa plume, et il nous a semblé que l'il-
lustre écrivain avait apporté à la thèse qu'il défendait
l'appui de son nom bien plus que des arguments
nouveaux.

Nous nous associons sans réserve à tout ce que
M. Michel Chevalier a dit des bienfaits du crédit, et
de la nécessité de le répandre partout en France; mais
nous croyons que cette œuvre est infiniment plus
avancée qu'on ne semble l'imaginer. Sans doute on ne
voit point dans nos bourgades françaises ce spectacle
qui, en Amérique, a frappé si fort certains voyageurs :
des écriteaux gigantesques annonçant pompeusement
l'existence d'une banque au milieu de masures ina-
chevées. Cela tient peut-être à nos mœurs qui répu-
gnent à tout charlatanisme. En France, l'abus des
mots, la disproportion entre l'annonce et la réalité
tuent la confiance au lieu de la faire naître. En revan-
che, il n'est guère de petit foyer d'industrie où ne se
trouvent une ou deux maisons, honorablement et

intelligiblement conduites, qui, sans bruit, sans réclame, voire même sans enseigne, font des opérations de banque considérables. C'est méconnaître la situation actuelle de la France, c'est rendre inexplicable le merveilleux développement de la richesse publique depuis quinze ans, que de prétendre qu'un industriel de bonne réputation et de situation nette ne trouve pas, à des conditions raisonnables, tout le crédit dont il a besoin.

Le gouvernement a fait tout ce qu'il devait et tout ce qu'il pouvait en faveur de l'expansion du crédit, lorsque, par la loi sur les sociétés à responsabilité limitée, il a accordé de nouvelles et précieuses facilités à l'association des capitaux. Les hommes pratiques et amis des affaires sérieuses profitent, tous les jours, des dispositions de cette loi. On voit se former, dans nos grands centres de commerce et d'industrie, des institutions de crédit appuyées sur des capitaux de 20 et 30 millions, qui ont en vue de seconder tel ou tel genre spécial d'opérations, et qui comptent réaliser un lucre considérable et légitime, sans prétendre à être mises en dehors du droit commun et à singer la Banque de France. Tout le monde doit applaudir au succès et à la multiplication de ces établissements dont l'action est d'autant plus efficace et plus sûre qu'elle est concentrée sur un seul genre d'affaires. Lorsque chacune des branches de l'activité industrielle ou commerciale trouvera partout à s'appuyer sur une institution de ce genre, le crédit sera constitué en France sur des bases qui assureront au travail national solidité, vigueur et fécondité. Voilà la voie où il faut marcher; mais la multiplication des établissements de crédit n'a rien de commun avec la diversité de la monnaie fiduciaire.

Écartons également, comme un lieu commun, éloquent, mais étranger à cette discussion, le sombre tableau qu'on s'est plu à tracer des inconvénients possibles du prétendu monopole de la Banque de France. Il faut savoir ce qu'on entend par monopole. Le gouvernement exerce-t-il un monopole ou un droit quand il gouverne seul, que seul il administre la justice, que seul il bat monnaie? Il délègue à la Banque de France l'exercice d'une des formes de ce dernier droit, que M. Michel Chevalier reconnaît expressément être un droit régalien. La Banque de France a donc le privilége d'émettre des billets au porteur et à vue. S'en suit-il qu'elle ait le monopole de l'escompte? Si elle n'a pas le monopole de l'escompte, comment peut-il être en son pouvoir de mettre les gens en interdit et de frapper capricieusement personne de mort commerciale? L'argent trouve toujours un maître, dit un vieux proverbe : Tout bon papier trouvera toujours un preneur.

L'objet véritable de cette discussion est de savoir si le privilége dont la Banque de France est investie est fondé en droit, et s'il est conforme à la raison et à l'intérêt public.

Personne ne conteste qu'émettre des billets qui sont reçus par les particuliers comme de l'argent et qui en jouent le rôle dans les transactions publiques ou privées, équivaut à battre monnaie. Il s'ensuit qu'une pareille faculté, qui est l'exercice d'une des prérogatives de la souveraineté, ne peut dériver que d'une délégation de l'État. En effet, l'État, qui se réserve partout le soin de fabriquer la monnaie d'or et d'argent, quoiqu'il pût y avoir quelquefois économie à laisser cette tâche à l'industrie privée, est également fondé à se réserver le privilége de battre monnaie avec du papier. La faculté d'émettre des billets est si bien une délégation du pouvoir souverain, que ce n'est pas seulement en France qu'elle est assujettie au contrôle du gouvernement. Dans tout le reste de l'Europe, en Angleterre et même en Amérique, où nos réformateurs vont si volontiers chercher des exemples, c'est l'État qui dispense cette faculté, et qui en limite et en réglemente l'exercice.

Il est impossible d'admettre que le droit de créer la monnaie fiduciaire appartient à l'État et ne s'exerce que par une délégation du pouvoir souverain, sans que cet aveu tranche virtuellement le débat. Le privilége de la Banque de France ne s'appuie donc pas seulement sur la loi; il est légitime dans son origine et dans son principe.

On a fait un grand étalage d'érudition, on a accumulé les textes pour démontrer qu'aucune loi n'interdit expressément au gouvernement français d'instituer plusieurs banques avec faculté d'émettre des billets. S'il existait un texte de loi par trop précis, on demanderait le changement de la loi, en s'appuyant sur le silence de la Constitution. Il nous est impossible d'apprécier la portée d'une discussion de ce genre; car, à notre avis, ce n'est pas la Constitution qui interdit au gouvernement de conférer à plusieurs établissements le droit d'émettre des billets, c'est une autorité supérieure, le bon sens.

Dans aucune des lois qui ont régi cette matière en France, le législateur n'a jamais supposé qu'il pût exister sur quelque point que ce fût du territoire, deux papiers de circulation en concurrence l'un avec l'autre. Avant 1848, la Banque de France n'avait le monopole de l'émission des billets qu'à Paris et dans les villes où elle établirait des succursales; mais la banque de Rouen avait un monopole semblable à Rouen et dans un certain rayon autour de Rouen; de même la banque de Bordeaux et toutes les autres banques de province. Nulle part, il n'y avait place pour une concurrence.

Que résultait-il de cet état de choses? C'est que la circulation de chaque banque était parquée dans un cercle étroit, et que les billets ne rendaient qu'une très-faible partie des services que l'on attend de la monnaie fiduciaire. Le négociant de Marseille qui avait un payement à faire à Bordeaux, était obligé d'acheter chez un changeur des billets de la banque de Bordeaux, absolument comme les gens qui veulent voyager, se procurent d'un papier sur Londres, Vienne ou Livourne, suivant le pays qu'ils comptent visiter. Semblablement, en dehors du rayon de chaque banque, ses billets trouvaient malaisément à se placer. Aujourd'hui les billets de la Banque de France circulent partout, sont acceptés partout comme argent comptant, parce qu'ils trouvent partout à s'échanger. Depuis 1848, nombre de villes de province ont sollicité et sollicitent avec instance l'établissement, dans leurs murs, d'une succursale de la Banque; il n'est pas à notre connaissance qu'une seule ait demandé la création d'une banque particulière, du genre de celles que le décret du 27 avril 1848 a fait disparaître.

C'est qu'en effet, vouloir le rétablissement de ces banques à monopole local et restreint serait, comme l'a dit excellemment M. Bartholony (1), demander la résurrection des douanes intérieures et des barrières locales que Turgot a supprimées.

Jusqu'en 1848 l'état légal a donc été le privilége, mais le privilége fractionné suivant diverses divisions territoriales; et jamais le législateur n'a admis la coexistence de deux papiers de circulation, se faisant concurrence dans le même rayon d'émission. C'est ce que M. Wolowski a démontré d'une façon péremptoire dans un travail remarquable et sans réplique (2). Le décret du 27 avril 1848 a eu pour effet d'étendre à la totalité du territoire le privilége de la Banque de France.

On prétend cependant que rien, dans la législation actuelle, n'interdit à l'État de partager entre plusieurs établissements le droit d'émettre des billets dans toute la France, et l'on arguë surtout du silence de la dernière loi qui a prolongé le privilége de la Banque. Le législateur de 1857 n'a eu naturellement en vue et n'a pu avoir en vue que l'état de choses qui existait au moment où il a présenté la loi : cet état de choses, qui existait depuis 1848, qui était en 1857 et qui est encore l'état légal du pays : c'est l'unité de la monnaie fiduciaire. En réglant les conditions auxquelles

---

(1) Voir le *Journal des Débats* du 20 janvier 1864.
(2) *Journal des Économistes*, livraison de février 1864.

la Banque de France exercerait le privilége dont elle est investie, le législateur de 1857 n'avait pas plus de raison d'édicter que ce privilége ne serait partagé avec aucun autre établissement, que le législateur de 1852, en réglant l'élection des députés au Corps législatif, n'avait de motif de déclarer qu'il n'y aurait point une seconde chambre élective. Dans sa pensée, le privilége de la Banque de France était si bien exclusif de toute création de banque d'émission, que la loi a réservé au gouvernement le droit d'imposer à la Banque l'établissement d'une succursale dans chaque département. Loin donc qu'il soit besoin d'une loi pour déclarer que la Banque de France est seule investie du droit de créer des billets au porteur et à vue, une loi nouvelle serait indispensable, au contraire, pour admettre un autre établissement au partage de la délégation que la Banque a reçue de l'État.

Le doute fût-il même possible sur l'état actuel de la législation, qu'on n'en pourrait tirer aucune conséquence légitime. Il est par trop évident qu'une question aussi grave que le retour à la pluralité des banques d'émission, et, par conséquent, le renversement de notre législation actuelle en matière de crédit, ne saurait être tranchée en dehors des pouvoirs publics, et, comme une question de mitoyenneté, par l'interprétation conjecturale d'un texte ou par un expédient de procédure. L'interêt public en doit seul décider. Il y a deux principes en présence : le privilége actuel de la Banque et la libre concurrence ; car on ne peut revendiquer pour un établissement la faculté d'émettre des billets, sans la revendiquer pour tous.

2

Démontrez que le bien général exige que l'État se dessaisisse de sa prérogative et qu'il en abandonne l'exercice aux hasards de la concurrence ; il faudra bien que la législation, quelle qu'elle soit aujourd'hui, soit rendue conforme à l'intérêt public. Voilà pourquoi nous croyons pouvoir dire que ce n'est point ici une affaire de légalité, mais une affaire de bon sens, et quoique le mot paraisse avoir choqué M. Michel Chevalier, il nous semble marquer nettement le nœud de la discussion.

Quelle connexité nécessaire existe-t-il donc entre l'escompte ou toute autre opération de banque et la création de la monnaie fiduciaire ?

Un établissement ne peut-il faire toutes les opérations et rendre tous les services qu'on est en droit d'attendre d'une institution de crédit, sans avoir le droit d'émettre des billets au porteur et à vue ? D'où vient alors que des communautés commerciales, importantes et prospères, ne font pas usage du billet de banque ?

Quels avantages spéciaux résulteraient pour le public de la coexistence de plusieurs monnaies fiduciaires ? D'où vient donc que, dans les pays les plus avancés en matière de crédit, le rôle des billets de banque diminue sensiblement, et que les émissions vont toujours se restreignant ?

Voilà les questions que nous avons pris la liberté de poser, et auxquelles nous attendons encore une réponse. Ce sont cependant les questions fondamentales ; elles dominent tout le débat, et, aux yeux des pouvoirs publics, elles en détermineront toujours l'issue. Est-ce pour cela qu'on les esquive avec soin pour se rabattre, à droite ou à gauche, sur des subtilités juridiques ou sur des comparaisons avec les pays étrangers?

Ne laissons pas dévier la discussion, et allons au fond des choses.

Supposons qu'aux portes de Paris, à Ménilmontant ou dans cette ville de Saint-Denis que M. Michel Chevalier indique comme tout particulièrement désignée pour devenir la capitale du crédit nouveau, il s'établisse une maison de banque, au capital effectif de 50 millions, qui obtienne le droit d'émettre des billets sur papier rose. Elle débutera par émettre des billets dans la proportion usitée, c'est-à-dire pour 150 millions : par conséquent elle commencera ses opérations avec 150 millions, sur lesquels 100 millions ne lui coûteront aucun intérêt. Nous voyons à merveille quels profits en résulteront pour les chefs de cette maison, nous ne voyons pas ce qu'y gagnerait le public.

Deux hypothèses sont possibles :

La banque de Ménilmontant, pour partager le privilége de la Banque de France, se sera soumise aux mêmes obligations et fournira à l'État les mêmes garanties. Elle recevra un gouverneur de sa main, elle sera sous le contrôle incessant et immédiat du ministre des finances, elle n'établira de succursales qu'en vertu d'un décret; elle sera assujettie aux mêmes règlements que la Banque de France, et elle opérera exactement dans les mêmes conditions. Qu'y gagnera le public, hormis d'avoir le choix entre des billets bleus et des billets roses? La logique populaire ne dira-

2.

t-elle pas immédiatement qu'au lieu d'avoir deux banques jumelles, il vaudrait mieux faire l'économie d'une des deux administrations et d'un des deux personnels?

La banque de Ménilmontant, en échange de la promesse de donner au commerce de plus grandes facilités, a-t-elle au contraire obtenu son indépendance? Il est évident que, tout ce qu'elle gagne en liberté, le public le perd en sécurité. A chaque restriction supprimée, à chaque facilité nouvelle, correspond mathématiquement une augmentation dans les éventualités de perte. Qui garantit d'ailleurs que, délaissant peu à peu les opérations d'escompte dans lesquelles elle rencontrerait la concurrence d'un si grand nombre d'établissements, la banque de Ménilmontant ne glissera pas sur la pente irrésistible qui a entraîné à leur ruine tant de banques anglaises et américaines; qu'elle ne se mettra pas à faire des avances excessives sur des valeurs qu'elle sera contrainte de soutenir; et qu'elle ne se transformera pas graduellement en un formidable instrument d'agiotage? Sa solvabilité dépendra alors de toutes les chances bonnes ou mauvaises d'une spéculation sans contrôle; et il en résultera qu'à côté d'un papier d'une valeur incontestable circulera un second papier suspect et de valeur problématique, dont la dépréciation rejaillira sur l'autre. Or, ce qu'il faut au public en matière de monnaie fiduciaire, ce n'est pas la quantité, c'est la qualité. Ce sont les propres paroles d'un homme dont M. Michel Chevalier ne récusera pas l'autorité, puisqu'il fut à la fois un économiste et un grand homme d'État.

« La libre concurrence, disait sir Robert Peel en

présentant à la Chambre des communes le bill qui
régit aujourd'hui la Banque d'Angleterre, est un grand
avantage en ce qui concerne le prix de beaucoup d'articles de commerce. Il est certain en effet que la concurrence, en multipliant ces articles, doit les faire obtenir à meilleur marché; mais je dis que vous ne pouvez
appliquer cette loi aux billets de banque, parce que
la monnaie fiduciaire est régie par des principes différents. En cette matière, ce qu'il me faut, ce n'est pas
une quantité considérable de papier de circulation au
plus bas prix possible, mais une certaine quantité dont
la valeur soit exactement celle de l'or. Ce qu'il me
faut, c'est que ce papier soit émis par des établissements dont l'intégrité, l'honneur, la solvabilité m'in-
spirent la plus entière confiance; en d'autres termes, je
n'ai pas besoin du meilleur marché, mais de la meilleure qualité possible. »

Est-il besoin de rien ajouter après ces paroles si
fortes de sir Robert Peel? Nous allons néanmoins démontrer que la législation anglaise et américaine, si
souvent invoquée par les partisans de la pluralité des
banques d'émission, est, au contraire, tout à fait
défavorable à leur système.

III

Que des faiseurs de brochures, qui ne sont pas
tenus de connaître les matières dont ils traitent, aient
essayé de tirer parti, en faveur de leur thèse, de ce
qui se passe en Angleterre, et qu'ils aient espéré faire
prendre le change à leurs lecteurs en dénaturant les
faits, on n'en saurait être surpris; mais un pareil pro-

cédé de discussion est indigne de tout écrivain qui a quelque respect du public et quelque souci de sa propre renommée. Il suffit d'avoir la moindre connaissance de l'histoire financière de nos voisins pour savoir que, si la législation anglaise admet temporairement, et à titre de tolérance, la pluralité des banques d'émission, elle tend de toutes ses forces à l'unité. Le bill présenté par sir Robert Peel en 1844 a posé en principe cette unité, que le respect des situations existantes a seul empêché d'accomplir immédiatement, mais dont la réalisation prochaine a été préparée par une série de dispositions restrictives. Certains auteurs de brochures ont répété à tout propos, comme argument à effet, qu'il existe en Angleterre 233 établissements ayant droit d'émettre des billets; pourquoi ne pas dire, en même temps, que le chiffre de ces établissements était en 1826 de 809, en 1833, lors du renouvellement de la charte de la Banque, de 584, et qu'en 1844 il était encore supérieur à 300? C'est que cette décroissance continue montrerait avec quelle rapidité l'Angleterre marche vers l'unité du papier de circulation. Que serait-ce si, entrant dans les détails, on décomposait ce chiffre de 233, et l'on montrait combien de ces banques, dites d'émission, émettent uniquement, en fait de billets, la quantité que la Banque d'Angleterre veut bien recevoir en dépôt, et contre laquelle elle leur délivre un nombre équivalent de ses propres billets!

Il suffirait de renvoyer aux déclarations énergiques et précises de sir Robert Peel, pour démontrer que l'unité du papier de circulation est, aujourd'hui, le

principe fondamental de la législation anglaise; néan-'
moins, établissons nettement quelle est cette législa-
lation.

Jusqu'en 1844, la Banque d'Angleterre n'a eu de
privilége que dans Londres, dans un rayon de 65 milles
(25 lieues) autour de la capitale, et dans les villes où
elle avait établi des succursales. Partout ailleurs,
toute banque, à certaines conditions, pouvait émettre
des billets. Le nombre des banques d'émission, comme
nous venons de le dire, s'est élevé en 1826 jusqu'à
809; en 1844, il était redescendu aux environs de
300. Cette décroissance était due aux fréquentes et
désastreuses faillites des banques d'émission : plusieurs crises commerciales en étaient résultées, notamment en 1832, 1836 et 1839; et ce serait une étude
curieuse et instructive que l'histoire des 29 faillites
qui eurent encore lieu de 1840 à 1844. La confiance
publique s'était complétement retirée des banques
d'émission; deux enquêtes avaient été ouvertes : négo-
ciants, économistes, hommes politiques, tout le monde
était tombé d'accord sur la nécessité de retirer aux
banques la faculté d'émission, qui n'était entre leurs
mains qu'un moyen d'agiotage et de spéculation folle.

A qui fallait-il remettre ce droit d'émission? Deux
systèmes se trouvèrent un instant en présence.

Le premier, présenté par M. Cowell, et dont
M. Michel Chevalier vient de recommander l'introduc-
tion en France, se rapprochait beaucoup du régime
qui commençait alors à s'établir aux États-Unis, et qui
a été successivement adopté par presque tous les
États du Nord de l'Union. Il consistait à faire exercer

le droit d'émission directement par l'État, au moyen
de fonctionnaires spéciaux. Le gouvernement aurait
fabriqué tout à la fois la monnaie métallique et la monnaie fiduciaire.

Le second système consistait à se servir de la Banque
d'Angleterre et à attribuer à cet établissement le privilége exclusif des émissions. Ce fut ce système que
sir Robert Peel adopta, et qu'il fit prévaloir par le bill
de 1844, qui régit encore l'Angleterre.

Le principe fondamental de ce bill est l'unité du
papier de circulation. Sir Robert Peel le déclara
expressément, à plusieurs reprises, dans son exposé
et dans le cours des débats. Par une inconséquence
apparente, résultat du respect que les Anglais professent pour les droits acquis, sir Robert Peel ne se
crut pas fondé à retirer immédiatement le droit d'émission aux banques qui en étaient en possession. Ce fut
le reproche principal qui fut adressé à son bill dans
la discussion : il l'accepta franchement. « Je ne crois
pas, dit-il, pouvoir aller du premier coup jusqu'aux
conséquences extrêmes de mon principe ; je me suis
attaché à ce que le bill ne contînt rien de contraire à
ce principe. » Il expliqua que si, pour n'avoir point à
indemniser les banques d'émission en exercice, il
renonçait à établir immédiatement, en fait, l'unité du
papier de circulation, il établissait cette unité en principe, et il en rendait la réalisation inévitable dans un
avenir prochain.

Le bill édictait en effet :

Qu'il ne pourrait plus être établi aucune banque
d'émission ;

Que toute banque émettant des billets, qui viendrait, pour un motif quelconque, à suspendre ses émissions, ne pourrait plus les reprendre;

Que les banques d'émission existantes ne pourraient plus porter leurs émissions au delà de la moyenne des douze derniers mois écoulés, et qu'elles devraient en justifier, toutes les semaines, au gouvernement;

Enfin, que l'ensemble de ces émissions ne pourrait dans aucun cas excéder 200 millions de francs.

Le bill de 1844 a-t-il produit les résultats qu'en attendait son auteur? Le nombre des banques d'émission est aujourd'hui descendu à 230, et la moyenne annuelle des billets émis ne dépasse guère 100 millions. Les émissions ont donc décru plus rapidement encore que le nombre des banques autorisées à en faire; encore les chiffres officiels sont-ils supérieurs aux chiffres réels. En effet, dans un certain nombre de villes, la Banque d'Angleterre, pour s'épargner les frais d'autant de succursales, a préféré traiter avec les banques locales auxquelles elle fournit, pour l'usage du public, une certaine quantité de ses billets contre dépôt d'une valeur équivalente de leur papier de circulation.

Ces banques affiliées n'émettent plus, en fait de billets, que les quantités dont la Banque d'Angleterre exige la remise entre ses mains à titre de garantie. On ne s'éloignerait pas sensiblement de la vérité en évaluant à 60 millions la valeur des billets autres que ceux de la Banque d'Angleterre, qui circulent encore de l'autre côté du détroit. On est donc fondé à dire que l'unité du papier de circulation, qui est déjà le droit en Angleterre, ne tardera pas à y devenir le fait.

Voici vingt ans que le bill de sir Robert Peel a force de loi. Un seul article donne lieu, aujourd'hui encore, à des dissidences d'opinion très-vives : c'est celui qui impose une limite infranchissable aux émissions de la Banque d'Angleterre. Deux fois il a fallu lever cette interdiction, dont le maintien compte des partisans et des adversaires également ardents; mais, ni parmi les hommes de finance, ni parmi les hommes politiques, il ne s'est trouvé personne, depuis vingt ans, pour proposer de revenir sur le principe fondamental du bill : l'unité de la monnaie fiduciaire.

Une preuve du respect que les hommes d'État anglais professent pour l'œuvre de sir Robert Peel, vient encore de nous être fournie par une mesure que M. Gladstone a proposée, le 11 février 1864, au Parlement, relativement aux banques d'Écosse.

En 1845, sir Robert Peel essaya d'appliquer, autant que faire se pouvait, aux banques d'Écosse, les principes qu'il avait fait prévaloir, l'année précédente, pour l'Angleterre. En Écosse, il se trouvait en présence d'un très-petit nombre de banques d'émission, une douzaine tout au plus; mais aucune de ces banques, par son origine, par le chiffre de son capital, par l'importance de ses affaires, n'avait la situation exceptionnelle de la Banque d'Angleterre au milieu des banques anglaises. Il n'entrait point d'ailleurs dans les vues de sir Robert Peel de constituer un établissement qui pût se mettre en rivalité avec la Banque d'Angleterre. Il se décida donc à laisser le droit d'émission à toutes les banques qui en jouissaient, mais en limitant à 76 millions de francs les émissions qu'elles

auraient droit de faire, à elles toutes. Au-dessus de
sa quote-part dans l'émission légale, aucune banque
ne peut émettre un seul billet qu'autant qu'elle en a
en caisse la représentation en numéraire. Des règles
extrêmement sévères furent en outre imposées aux
banques d'Écosse pour assurer la conversibilité des
billets. Il fut édicté que tout billet qui ne serait pas
remboursé à présentation pourrait être l'objet d'un
protêt comme une traite qui n'est pas acquittée à son
échéance, et que toute banque qui viendrait à faillir
ou à suspendre ses payements perdrait le droit d'é-
mettre des billets.

Ce cas s'est présenté : la quote-part des banques
dont le droit est périmé s'élevait à environ 9 millions;
le maximum de l'émission légale pour toutes les banques d'Écosse n'est donc plus actuellement que de 67
millions.

Renfermée dans des limites aussi étroites, la création de la monnaie fiduciaire est pour les banques
écossaises d'un intérêt tout à fait secondaire. Aucune
d'elles ne vise à étendre ses émissions, parce qu'au
delà d'un certain chiffre, il lui faut immobiliser en
numéraire une valeur égale à celle des billets qu'elle
émet. Elles opèrent surtout à l'aide des capitaux
qu'elles reçoivent en dépôt et qu'elles cherchent à attirer
et à retenir par l'offre d'un intérêt. Leur circulation
maximum n'a jamais dépassé 125 millions, tandis que
l'importance de leurs dépôts s'est élevée, à plusieurs
reprises, au-dessus de 750 millions. Enfin, l'escompte
du papier de commerce ne tient qu'une faible place
dans leurs opérations qui ont surtout pour objet les
avances à l'industrie et les prêts sur hypothèque.

La faculté d'émission n'est donc point pour les banques d'Écosse un moyen de se procurer sans frais un supplément de capital, mais une façon d'avoir à leur disposition une certaine quantité d'une monnaie plus transportable et plus commode que les espèces. On se plaignait même depuis quelque temps que les billets de banque ne fussent pas répandus en quantité suffisante pour le besoin des transactions, et qu'on eût quelque peine à s'en procurer. Il est arrivé plusieurs fois, dans ces dernières années, que l'encaisse des banques écossaises a atteint 60 millions pour une circulation totale de 80 ou 90 millions. Aussi s'est-il formé, tout récemment, une société qui a introduit une instance auprès du Bureau du Commerce pour être autorisée à faire des opérations de banque en Écosse, et à émettre les 9 millions de billets dont l'émission est périmée.

M. Gladstone s'est prononcé catégoriquement contre cette demande, parce qu'elle ne pouvait être accueillie sans qu'il fût porté une atteinte indirecte au bill de sir Robert Peel qui a interdit l'établissement de toute nouvelle banque d'émission. Prenant néanmoins en considération les inconvénients qui peuvent résulter pour le commerce d'une trop grande contraction de la monnaie fiduciaire, la chancelier de l'échiquier vient de proposer au Parlement de répartir entre les banques actuelles d'Écosse, au prorata de la moyenne de leur encaisse pendant les douze derniers mois, les 9 millions dont l'émission est périmée. Le total de l'émission légale sera, de cette façon, porté de nouveau à 76 millions, mais les banques ne pourront profiter de l'offre qui leur est faite par le gouvernement qu'en lui payant une redevance pour cette émission supplémentaire.

Les détails dans lesquels nous venons d'entrer suffisent à montrer qu'en Écosse le législateur s'est proposé pour but de rendre la création de la monnaie fiduciaire improductive. Il a vu dans cette improductivité la meilleure garantie que les banques écossaises n'émettraient, en fait de billets au porteur et à vue, que ce qui serait strictement nécessaire à la commodité des transactions. S'il est vrai que ces banques aient plus d'avantage à restreindre qu'à étendre leur circulation, comment est-il possible de voir dans un droit d'émission, si étroitement circonscrit par la loi et par l'intérêt même des actionnaires, la source de l'immense activité commerciale et industrielle de l'Écosse? Nous le demandons aux esprits non prévenus, est-on fondé à invoquer l'exemple des banques écossaises comme preuve des bienfaits que répandrait sur la France la pluralité des banques d'émission?

Faisons connaître maintenant la législation américaine; mais commençons par rappeler sommairement comment les Américains ont été amenés à l'adopter. L'étude attentive de cette législation montrera si, mieux que la législation anglaise, elle peut fournir des arguments contre notre système de monnaie fiduciaire.

Le point de départ de la multiplicité des banques d'émission aux États-Unis a été l'autonomie que les trente et un États de la Confédération ont conservée. Non-seulement les États ont voulu tous avoir des banques, mais ils ont souvent frappé d'interdit le papier de circulation des États voisins. Ajoutons qu'ils avaient tous un intérêt direct à faciliter la multiplication des banques. C'était, en effet, un moyen d'assurer le placement de leurs emprunts. Les banques, contraintes d'immobiliser leur capital en rentes de l'État où elles s'établissaient, n'avaient d'autres fonds que les billets qu'elles étaient autorisées à émettre, aussi arrivait-il souvent que leur encaisse métallique atteignait à peine 5 à 6 0/0 de leur papier en circulation.

Le moindre arrêt dans les affaires compromettait leur existence; le nombre des banques était si considérable et les faillites étaient si fréquentes que nul commerçant ne s'aventurait à recevoir un billet sans consulter préalablement la dernière édition d'une publication spéciale, *The Bank Detector*, qui contenait la liste des banques, avec l'indication de toutes celles qui étaient en faillite déclarée ou en suspension de payements. C'était bien autre chose en temps de crise : en 1839, 959 banques firent faillite dans l'espace de quelques semaines.

Ces catastrophes, où disparaissaient d'un seul coup un si grand nombre de fortunes, ont fini par entraîner un remaniement complet de la législation des banques. L'État de New-York en a donné le signal par une loi qui date de 1838, qui a été remaniée à diverses reprises, et qui n'a reçu sa forme définitive qu'en 1851. Les dispositions législatives adoptées par l'État de New-York lui ont été empruntées, depuis 1851, par le Massachusetts et par presque tous les États du Nord. A la liberté des émissions qui était autrefois la règle, a été substitué tout un système de restrictions rigoureuses.

Gardons-nous, tout d'abord, de nous laisser imposer par ce chiffre de 1,500 ou 1,600 banques que l'on fait miroiter à chaque phrase, et par ce mot de banque lui-même. En Europe une banque nous représente un grand établissement, disposant d'un capital important, et faisant un chiffre d'affaires considérable. Aux États-Unis, une banque est tout simplement une maison de commerce ordinaire, faisant parfois un peu d'escompte, mais faisant surtout des avances contre dépôt de valeurs, et des prêts sur hypothèque. Sur 1,500 banques, les deux tiers n'ont pas un capital de 500,000 fr. Quant à leur circulation, elle est bien moins importante encore.

La loi de l'État de New-York, adoptée depuis, avec quelques variantes, par presque tous les autres États, porte que toute banque devra remettre entre les mains d'un fonctionnaire spécial, appelé contrôleur, la totalité de son capital, converti en rentes fédérales, ou en rentes de l'État, ou en obligations hypothécaires. Cette remise faite, le contrôleur pourra délivrer à la banque, au fur et à mesure de ses demandes, des billets signés et numérotés par lui, jusqu'à concurrence de ce capital. Tout billet doit être à vue, et doit être au moins de 1,000 dollars, pour pouvoir circuler hors du siége de la banque. Tout billet laissé en souffrance devient immédiatement productif d'intérêt pour le porteur, et toute suspension de payement en espèces entraîne la mise en liquidation de la banque. Enfin, il est dû à l'État une remise proportionnelle au chiffre des billets en circulation.

Le mécanisme de cette loi est facile à saisir. Le capital des banques, converti en fonds publics ou en obligations hypothécaires, continue d'être productif d'intérêts, et chaque banque reçoit, en billets qui ne lui coûtent qu'une légère redevance envers l'État, un second capital avec lequel elle peut opérer et se créer un second revenu. En échange de cette faveur, le législateur impose aux banques l'obligation d'escompter le papier de commerce; mais c'est une obligation qui est très-souvent éludée. Rien ne revient plus fréquemment dans les rapports annuels des contrôleurs, que le reproche adressé à la plupart des banques de n'échapper à la déchéance que par des opérations d'escompte insignifiantes ou même fictives, qui sont une satisfaction illusoire donnée à la loi.

Les tableaux annexés à ces mêmes rapports nous montrent également qu'il n'est guère de banques, même dans les plus grandes villes, dont les émissions atteignent le quart ou même le cinquième de leur maximum légal, et que le chiffre total des émissions va diminuant d'année en année. La raison en est toute simple. Les émissions sont doublement onéreuses pour les banques : par la redevance qu'elles entraînent envers l'État, et surtout par le numéraire qu'elles contraignent de garder improductif en caisse, et pour lequel un intérêt est dû aux déposants. En outre, tout billet émis est une créance exigible à tout instant, nécessairement remboursable en numéraire, et qu'il faut satisfaire immédiatement, sous peine de voir l'existence de l'établissement compromise. Les dépôts, au contraire, ne sont remboursables qu'à des échéances naturellement échelonnées et qu'il est souvent possible de reculer indéfiniment par l'offre d'une augmentation d'intérêt. Les banques américaines, comme les banques écossaises, opèrent donc surtout avec les dépôts qu'elles attirent par l'offre d'un intérêt; elles placent en avances contre valeurs, en prêts hypothécaires et, trop souvent pour leur solidité, en acquisitions de fonds publics et de valeurs industrielles, les capitaux qu'elles reçoivent du public; leur bénéfice résulte de l'écart entre l'intérêt auquel elles prêtent et l'intérêt auquel elles empruntent.

Les billets ne sont donc, pour les banques des États-Unis, comme pour les banques écossaises, qu'une monnaie qu'on ne peut se dispenser d'avoir en certaine quantité, qu'il est quelquefois moins onéreux d'employer que la monnaie métallique, mais dont la moindre cherté est compensée par plus d'un inconvénient. Ce n'est point le droit d'émission qui fait le bénéfice de leurs opérations, et qui est la source des services qu'elles rendent au commerce et à l'agriculture, car souvent les banques préfèrent se procurer des capitaux par des lettres de change qu'elles souscrivent au profit d'autres banques qui ont des dépôts à employer.

Les billets des banques américaines rendent-ils au public les mêmes services que les billets de la Banque de France et de la Banque d'Angleterre ? Malgré toutes les précautions prises par le législateur, il n'a pu en assurer le payement en espèces ni même le remboursement. Une baisse générale qui frappe les valeurs que les banques ont entre leurs mains, atteint également les rentes qu'elles ont déposées au Trésor, et qui sont la garantie de leurs billets; et si cette baisse est assez forte pour que, se combinant avec le retrait des dépôts, elle entraîne la chute d'une banque, une partie des billets en circulation peut constituer une perte sèche pour les porteurs. Est-il besoin de rappeler qu'en 1857, pour ne pas remonter plus haut, plusieurs centaines de banques ont ruiné tout à la fois leurs actionnaires et les porteurs de leurs billets?

De cette incertitude du remboursement des billets résulte une dépréciation qui varie avec la situation des affaires. Les billets de banque ont, en effet, leurs cours comme toutes les valeurs; et l'on a vu les billets des banques du Sud perdre jusqu'à 30 pour cent. Les billets des meilleures banques du Nord ne sont au pair que dans les temps très-prospères; ils perdent fréquemment de 1/2 à 1 1/2 pour cent. Enfin, l'escompte des billets de banque constitue une branche spéciale d'affaires, dont certaines maisons s'occupent exclusivement.

Est-ce là, nous le demandons, l'idée que l'on donne au public lorsqu'on vient, en périodes retentissantes, lui tracer le tableau de 1,500 banques, émettant toutes librement des billets, et répandant ainsi sur tout le sol américain une rosée bienfaisante? Le billet des banques américaines est-il véritablement l'équivalent du billet de la Banque de France ou de la Banque d'Angleterre? en joue-t-il le rôle? en rend-il les services? Serait-ce un progrès que d'échanger notre situation contre un pareil état de choses, et notre circulation contre le papier-monnaie des États-Unis?

Nous soumettons avec confiance cette question au bon sens public. Nous sommes certain que, particuliers, commerçants, hommes politiques répondront tout d'une voix que ce qu'il faut à la France, c'est un billet de banque qui soit, d'une manière absolue, l'équivalent de l'or ; qui soit non-seulement au-dessus d'une dépréciation quelconque, mais au-dessus même du soupçon d'une dépréciation possible. La France, pour rappeler les paroles de sir Robert Peel, a la qualité du billet de banque ; nous la croyons peu disposée à échanger la qualité contre la quantité.

IV

M. Michel Chevalier, en terminant la seconde des lettres intéressantes qu'il a adressées au *Journal des Débats*, avait annoncé qu'il exposerait, au sujet des banques d'émission, un système nouveau, dont il ne revendiquait pas pour lui-même l'invention mais l'apostolat, et qui, établi déjà chez quelques peuples, était en voie de préparation chez tous les autres. Nous avions attendu avec une vive curiosité les conclusions de l'éminent publiciste, espérant qu'il dégagerait de la pratique des nations commerçantes quelque loi inaperçue, quelque combinaison ingénieuse, qui constituerait un progrès sur les procédés usités jusqu'ici. Ce n'est pas sans quelque désappointement que nous avons vu ces conclusions, si impatiemment attendues, se réduire à la proposition de substituer à ce qui existe en Angleterre et en France, le régime des banques américaines.

Reprenons donc, au point de vue de la pratique des affaires, l'analyse sommaire que nous avons faite de ce régime. Voyons si ce qu'on propose serait un progrès ou un pas en arrière.

En Amérique, l'État se charge de fabriquer les

billets de banque, et il en contrôle lui-même l'émission. Pour cela, toute banque qui s'établit remet entre les mains d'un fonctionnaire spécial la totalité de son capital, qu'elle a converti en fonds publics ou en créances hypothécaires. En échange de ce dépôt, ce fonctionnaire est autorisé à lui délivrer des billets qu'elle fait siens, en les marquant d'une estampille particulière. Une banque ne peut recevoir en billets au delà de la valeur de son capital, hormis dans le Massachusetts, où l'État, en retour de la faculté qu'il s'est réservée d'emprunter aux banques au-dessous du taux courant, permet que les billets excèdent d'un quart l'importance du capital.

Les banques américaines commencent donc leurs opérations, non pas avec leur capital qui est en dépôt entre les mains de l'État, mais avec les billets que l'État leur délivre. S'en servent-elles pour ce qui est l'office essentiel des banques, pour faire le commerce de l'argent et l'escompte? Elles le devraient, puisque le législateur leur en fait une obligation; mais c'est là une prescription que presque toutes cherchent à éluder. Les rapports des contrôleurs des banques reproduisent annuellement les mêmes doléances à cet égard. L'escompte n'est fait d'une manière sérieuse et sur une échelle un peu étendue que par les succursales que les grandes maisons de Londres et de Hambourg ont établies dans les principaux ports des États-Unis; aussi, aux époques d'élections et d'effervescence politique, n'est-il pas rare de voir les journaux déclamer contre l'influence illégitime que des étrangers s'arrogent sur les affaires américaines.

Que font donc les banques, soit avec les billets qui représentent leur capital, soit avec l'argent qui leur est remis en dépôt? Elles souscrivent les emprunts du gouvernement fédéral ou de l'État où elles sont établies; elles souscrivent ou elles achètent des actions de chemins de fer, de canaux ou de mines. Elles prêtent sur hypothèque aux cultivateurs qui veulent étendre leur exploitation, aux constructeurs qui veulent bâtir des maisons. Elles commanditent les industriels, leur font des avances ou leur ouvrent un crédit. Enfin, elles prêtent directement aux particuliers, soit sur dépôt de valeurs, soit simplement sur leur signature, contre des obligations à trois, six ou onze mois.

Ce sont là des opérations fort utiles, et dont la multiplication a puissamment aidé au développement de la richesse aux États-Unis; mais répondent-elles à l'idée que nous nous faisons en Europe du rôle des banques? Y a-t-il là rien que des pays comme l'Angleterre et la France aient sujet d'envier? C'est par milliers qu'en France on compte les maisons et même les simples capitalistes dont les forces ne sont pas au-dessous d'opérations qui, aux États-Unis, sont le partage des banques, parce que celles-ci sont seules en état de les faire. Pour les opérations à poursuivre sur une échelle étendue, pour les grandes entreprises, n'avons-nous pas des institutions considérables dont le capital se chiffre, non par centaines de mille francs, comme celui des banques américaines, mais par millions et par dizaines de millions? S'il n'en existe pas un nombre suffisant; s'il est encore quelque genre d'affaires qui offre un champ fécond à exploiter, la loi sur les sociétés à responsabilité limitée ne permet-elle pas d'y pourvoir?

Mais, objectera-t-on, pourquoi ne pas faire un pas de plus? Pourquoi ne pas accorder aux établissements qui existent déjà, Crédit foncier, Crédit mobilier, Comptoir d'escompte, Crédit commercial et industriel, etc., ou tout au moins à ceux qu'il serait possible de créer, cette faculté d'émettre des billets au porteur et à vue que la législation américaine attribue à toutes les banques?

On oublie que la différence des législations tient à la différence de l'état social des deux côtés de l'Atlantique. Ce qu'on présente comme un progrès sur la constitution du crédit, telle qu'elle existe en France et en Angleterre, est au contraire la conséquence forcée de l'infériorité financière de l'Amérique.

En Europe, nous avons des capitaux, c'est-à-dire des épargnes accumulées, disponibles et cherchant emploi. La condition des États-Unis, comme de tout pays neuf, c'est au contraire l'absence de toute épargne; partant, la pénurie et l'extrême fractionnement des capitaux.

Le législateur américain a dû recourir à un expédient pour provoquer et favoriser l'agglomération des capitaux, et créer ainsi le levier à l'aide duquel opérerait l'industrie nationale. Cet expédient a consisté à faire luire aux yeux de quiconque avait quelques épargnes, la perspective de doubler aisément ses revenus. En effet, tandis que les banques continuent à toucher les arrérages des titres de rentes ou de créances hypothécaires qui représentent leur capital, l'État leur rend la disposition, sous forme de billets, de ce même capital, et leur donne ainsi la possibilité d'en tirer un second produit. En outre, pour procurer à ces billets un placement facile en inspirant au public une entière confiance, la loi a pris des précautions infinies pour en assurer, non-seulement le remboursement, mais la conversibilité constante en numéraire.

Ce sont là incontestablement de puissants encouragements à la formation des banques, et ce n'a pas été la moindre difficulté du législateur américain que d'empêcher les fondateurs de banques de s'en tenir aux avantages légaux de leur situation et de se croiser les bras. On extrairait des documents officiels de curieux détails sur des banques qui, satisfaites d'avoir acquis de bonnes valeurs avec leurs billets et de s'être assuré un revenu élevé et stable, recouraient à mille ruses pour rendre leurs bureaux inaccessibles au public, et se garer de toute opération de nature à troubler leur quiétude.

Laissons de côté les exceptions : prenons les banques américaines dans leur ensemble. Elles ont, sans contredit, rendu d'immenses services, mais est-ce à titre d'institutions de crédit ou à titre de banques d'émission ? En d'autres termes, les billets qu'elles ont droit d'émettre sont-ils la source principale des bénéfices qu'elles réalisent et le principal instrument des services qu'elles rendent au public ?

S'il en était ainsi, n'est-il pas évident que les banques américaines opéreraient surtout avec leurs billets, et que, par conséquent, elles iraient toutes à l'ex-

trême limite des émissions qu'elles ont droit de faire ?
Or c'est le contraire qui a lieu. Les banques opèrent
de préférence avec les fonds qui leur sont remis en
dépôt, et pour lesquels elles payent un intérêt, mais
qu'elles sont sûres de conserver pendant un temps
déterminé, et qu'elles espèrent retenir indéfiniment
par une augmentation de cet intérêt. Il n'est aucune
banque qui ait actuellement en circulation plus du
tiers des billets qu'elle aurait droit d'émettre, et cette
disproportion entre la faculté légale de l'émission et
l'usage qui en est fait, s'accroît d'année en année. On
voit des banques qui pourraient se faire des ressources,
sans bourse délier, en demandant des billets au contrôleur, préférer souscrire des lettres de change au
profit d'autres banques qui ont des fonds sans emploi.
On a vu plus haut comment s'explique cette apparente
anomalie. Tout billet émis est une créance toujours
exigible, qui contraint à garder en caisse et improductive une certaine quantité de numéraire ; et chaque
fois que le numéraire devient rare et cher, il y a économie à se soustraire à cette obligation par le payement
d'une légère prime.

Si, comme l'expérience le prouve, les services que
les banques américaines rendent au public vont toujours grandissant, tandis que la circulation de ces
mêmes banques décroît d'année en année, et si cette
diminution dans le nombre des billets est le fait même
des banques qui renoncent de plus en plus à user du
droit que la loi leur confère, n'est-il pas manifeste
qu'il n'y a aucune connexité entre les fonctions utiles
des banques et la faculté de l'émission ? On n'est donc

pas fondé à conclure de ce qui se passe aux États-Unies que l'utilité des institutions de crédit que nous possédons en France serait accrue si l'on conférait à ces institutions le droit d'émettre des billets.

Veut-on une nouvelle preuve que la faculté de l'émission n'ajoute rien à la somme de services que les banques peuvent rendre au commerce et à l'industrie? S'il est un point du globe où l'industrie accomplisse des prodiges et où il se fasse un mouvement d'affaires colossal, c'est assurément le South-Lancashire, centre de la gigantesque industrie cotonnière. D'où vient que ce soit la seule région de l'Angleterre qui n'ait jamais eu de banque d'émission? Les banques de Liverpool et de Manchester n'emploient et n'ont jamais employé que les billets de la Banque d'Angleterre. On en peut dire autant de celles de Birmingham, à l'exception d'une petite banque au capital de 8 ou 10,000 livres sterling qui a pour clientèle les fermiers du voisinage. Il y a une vingtaine d'années, les industriels du Lancashire se dirent que peut-être une circulation locale aurait des avantages ; ils s'adressèrent à une maison qui compte parmi les plus anciennes et les plus puissantes de la Cité, et qui fait un chiffre énorme d'affaires avec Liverpool et le Lancashire, la maison Jones, Lloyd et Cie. Ils l'invitèrent à établir dans un des foyers de l'industrie cotonnière une agence spéciale, et à émettre des billets. Le chef de la maison, M. Lloyd, aujourd'hui lord Overstone, demanda le temps de la réflexion ; puis, dans une série d'entretiens avec chacun des promoteurs du projet, il leur démontra sans peine que cette émis-

sion de billets n'accroîtrait point en réalité les ressources de la maison, et ne lui permettrait de rien
ajouter aux facilités qu'elle accordait à sa clientèle.
L'affaire en resta là.

Les raisons qui déterminèrent la maison Jones,
Lloyd et Cⁱᵉ sont les mêmes qui agissent aujourd'hui
sur les banques américaines et les amènent à restreindre de plus en plus leurs émissions. Un établissement
de crédit qui veut faire des affaires sérieuses et non
de l'agiotage et de la spéculation, peut combiner à
coup sûr ses sorties et ses rentrées, et avoir la certi-
tude de n'être jamais pris au dépourvu. Un seul billet
émis devient un élément perturbateur, parce que sa
présentation, toujours incertaine, doit être considérée
comme toujours possible; et la nécessité de se prémunir contre les demandes de remboursement par un
approvisionnement de numéraire improductif peut
entraîner des charges, et dans les jours de crise des
sacrifices supérieurs au bénéfice que peut procurer
une extension momentanée du capital disponible. Les
banques américaines en ont fait plus d'une fois la triste
expérience.

A l'exemple du Lancashire, nous pouvons encore
ajouter celui de Hambourg, où il n'existe aucune banque d'émission et où toutes les opérations se règlent
par de simples virements de comptes. On ne contestera
apparemment, ni l'intelligence commerciale des Ham-
bourgeois, ni l'importance et la multiplicité des affaires
qui se traitent sur une place en relations avec le globe
entier. Si la mise en circulation de billets de banque
était une condition indispensable de la facilité et de la

fécondité des transactions, est-il supposable qu'une place comme Hambourg en serait encore à apercevoir l'utilité de créer une banque d'émission? Le commerce de Hambourg ne fait pas usage du billet de banque, parce qu'une simplification plus grande dans la conduite et le règlement des affaires en a rendu l'emploi superflu.

À notre avis, c'est Hambourg qui est en progrès sur les autres communautés commerçantes, c'est New-York qui est en retard. Proposer à l'Angleterre et à la France, c'est-à-dire aux deux pays du monde où les capitaux sont le plus abondants et se reproduisent le plus vite, de prendre exemple sur l'Amérique, contrainte de suppléer par des moyens artificiels à l'insuffisance du capital, et où le moindre dérangement dans le rapport des exportations et des importations produit une crise redoutable, c'est proposer à des géants de redevenir enfants; c'est nous demander de retourner en arrière.

Remarquons qu'il faut être bien exigeant pour ne pas se déclarer satisfait d'une législation sous l'empire de laquelle la masse des importations et des exportations de l'Angleterre a presque quadruplé en seize années, de 1845 à 1862; tandis qu'en France le seul commerce extérieur s'élevait de deux milliards et demi à sept. Mais cette loi de New-York de 1838 sur la liberté des banques, qui a été le point de départ de la législation américaine actuelle, qu'a-t-elle fait, sinon délivrer l'esprit d'association des chaînes que lui avaient imposées les soupçons et les jalousies de la démocratie? Les grands établissements financiers étaient proscrits, à cause de l'influence politique que leurs directeurs auraient pu acquérir.

Toute trace de ces défiances n'a pas encore disparu de la législation américaine, puisque dans le Massachussets aucune banque ne peut avoir un capital supérieur à 1 million de dollars, et que ce capital doit être possédé au moins par 50 actionnaires, tant on a peur que l'influence d'une banque ne serve de marchepied à quelque ambitieux. Il faut avouer que notre loi sur les sociétés à responsabilité limitée, qu'on passe prudemment sous silence, a ouvert à l'association des capitaux une voie bien autrement large et libérale.

Ne nous lassons pas de le répéter : rien ne fait obstacle en France à la multiplication des institutions de crédit. Il s'en forme tous les jours de nouvelles, à mesure que quelque branche de l'industrie nationale se développe et donne lieu à des opérations d'une certaine importance. Que peut-on demander de plus? Quels sont les besoins que ne peuvent satisfaire les établissements qui existent aujourd'hui, ou ceux qu'il est loisible de fonder sur les mêmes bases? A quels signes reconnaît-on la nécessité d'institutions investies de prérogatives plus étendues et quelles seraient la mission spéciale et l'utilité particulière de ces banques nouvelles dont on se montre si disposé à limiter le nombre, qu'on serait bien près de se contenter d'une seule? Ici, l'on se récuse : on demande qu'il soit fait une expérience; c'est-à-dire que l'État coure une aventure. Il semble cependant qu'avant de réclamer le changement d'une législation qui donne d'excellents résultats, le moins qu'on puisse faire est d'étudier les effets probables de ce changement et d'en démontrer l'utilité.

Tout au plus a-t-on indiqué, dans les termes les plus vagues, la convenance d'établir une banque spéciale pour les chemins de fer. Nous comprendrions le rôle d'un établissement de ce genre de l'autre côté de l'Atlantique. Où trouver les capitaux nécessaires à la construction d'un chemin de fer parmi les bûcherons et les pionniers disséminés sur la surface de l'Iowa, du Minnesota ou du Kansas? Là, on est trop heureux que les petites banques locales, alléchées par les lots de terres publiques accordés avec chaque concession, se partagent les actions et entreprennent d'en avancer le montant. En sommes-nous réduits à de pareils expédients, et n'avons-nous pas à Paris un immense marché de capitaux où toute entreprise qui se forme dans de bonnes conditions est assurée de trouver les fonds nécessaires?

On fait valoir que les compagnies de chemins de fer ne trouvent à emprunter, depuis quelque temps, que sur le pied 5 1/4 et 5 1/2. Cela est-il surprenant, lorsque la rente française rapporte 4 3/4, et lorsque de grands gouvernements émettent des emprunts considérables à 7 et 8 0/0? La cherté actuelle des capitaux est la conséquence forcée de l'invasion du marché français par des valeurs étrangères rapportant ou promettant toutes un revenu élevé. Quel changement une banque spéciale des chemins de fer apporterait-elle à cet état de choses?

Les billets qu'elle pourrait émettre pour les donner aux compagnies ne seraient qu'une faible fraction du milliard et demi qui reste à dépenser pour l'achèvement de notre réseau, et la banque ne recouvrerait le montant de ses avances qu'avec lenteur, puisque les compagnies empruntent à longue échéance. Il faudrait donc émettre des titres portant intérêt : pourquoi ces titres rencontreraient-ils plus de faveur que les titres actuellement émis par la compagnie? A qui d'ailleurs la banque nouvelle demanderait-elle de l'argent sinon à ce même public, à qui les compagnies s'adressent aujourd'hui directement et qui répond toujours avec empressement à leur appel? La banque spéciale des chemins de fer ne serait donc qu'un intermédiaire parasite, et comme son intervention ne saurait être gratuite, c'est aux dépens du public ou aux dépens des compagnies qu'elle prélèverait la rémunération de son capital. Le résultat le plus clair de l'établissement d'une banque spéciale des chemins de fer ou de toute autre banque, sans autre fonction déterminée que de servir d'intermédaire entre le public et les agents véritables de la production, pourrait bien être une émission d'actions et une récolte de primes éphémères. C'est là un genre d'opérations que l'opinion publique envisage aujourd'hui avec une défaveur méritée, et que l'État n'a aucun intérêt à encourager.

Nous croyons avoir établi qu'au point de vue de la facilité et du bon marché du crédit, le commerce et l'industrie n'ont rien à gagner à la multiplication des banques d'émission ; il nous reste à montrer ce que le public en général y perdrait au point de vue de la sécurité.

V.

Que faut-il entendre par ces mots retentissants de
Liberté des banques, à l'aide desquels on essaye de
donner le change sur l'objet réel de la campagne qu'on
a entreprise contre notre système de monnaie fiduciaire? Est-ce la liberté pour les capitaux de s'associer
afin de faire le change, le commerce des métaux précieux et le commerce du papier de banque? Mais nulle
part cette liberté n'existe à un plus haut degré qu'en
France, et notre législation à cet égard ne contient
aucune des clauses restrictives qu'on peut signaler
dans la législation américaine ou anglaise. Est-ce, pour
les maisons de banque et les institutions de crédit, la
liberté de conduire leurs opérations comme elles l'en-
tendent? Non-seulement aucune opération commerciale n'est interdite à ces établissements, mais ils
peuvent créer et mettre en circulation, sous forme de
traites, de billets à ordre ou de lettres de change, ·
autant de valeurs que leur crédit en comporte et que
le public veut bien en accepter. C'est donc par un
abus des mots, pour ne pas employer un terme plus
sévère, qu'on essaye d'identifier la liberté des banques, que nous possédons dans toute sa plénitude,
avec la faculté de créer et de mettre en circulation
une espèce particulière de valeurs, le billet au porteur
et à vue, qui joue dans les transactions le rôle des
espèces d'or et d'argent, et qui ne peut remplir, sans
risques pour la communauté, les fonctions de la monnaie qu'à la condition d'avoir la même origine et de
présenter les mêmes garanties.

On n'en est point encore venu à contester le droit souverain de l'État en pareille matière ; mais on affecte d'envisager comme un excès de réglementation et comme une sorte de tyrannie les précautions que l'État prend contre la surabondance et la dépréciation possibles de la monnaie fiduciaire. On s'autorise de la prudence et de l'habileté avec lesquelles la la Banque d'Angleterre et la Banque de France sont administrées, pour soutenir qu'il conviendrait de rendre moins dures pour ces deux établissements, c'est-à-dire d'affaiblir, les garanties dont le législateur, soit en Europe, soit aux États-Unis, a cru devoir entourer l'émission des billets.

Nous croyons que la Banque d'Angleterre et la Banque de France sont loin de trouver trop rigoureuses les prescriptions auxquelles la législation actuelle les assujettit. Pour le premier de ces établissements, il serait facile de citer les déclarations catégoriques de plusieurs gouverneurs auxquels la question a été posée nettement dans l'enquête de 1857. Nous sommes convaincu que, si la même question était adressée aux régents de la Banque de France, elle recevrait la même réponse. En Angleterre comme en France, les précautions prises par le législateur sont des garanties d'intérêt général qui profitent à tout le monde ; et loin de les envisager comme des entraves et des preuves d'une défiance injurieuse, les deux Banques les considèrent comme des mesures de protection, comme un appui précieux contre les exigences souvent aveugles des intérêts privés.

D'où vient donc ce tendre intérêt pour deux établissements qui ne songent point à se plaindre de leur sort? C'est qu'il s'agit d'enlever à la délégation que la Banque d'Angleterre et la Banque de France tiennent toutes deux du pouvoir souverain son caractère de service public, afin de la faire tomber dans le domaine commun et d'en réclamer le partage entre toutes les institutions de crédit. En outre, si la faculté d'émettre des billets au porteur et à vue demeurait assujettie aux conditions actuelles, elle ne produirait pas les avantages que s'en promettent les établissements qui la convoitent : il est donc essentiel d'énerver le contrôle de l'État pour que la spéculation ait les coudées plus franches.

Voyez, cependant, à quelles contradictions on est conduit par un système erroné! On commence par soutenir que la législation de la France et de l'Angleterre est trop rigoureuse; et quand on veut démontrer que la pluralité des banques d'émission n'a que des avantages sans aucun péril, quels sont les pays dont on invoque l'exemple? L'Amérique du nord et l'Écosse, c'est-à-dire les contrées où le législateur, obligé de subir la diversité de la monnaie fiduciaire, n'a cru pouvoir se prémunir contre les inconvénients de ce régime qu'en s'attachant à rendre la faculté de l'émission improductive pour les établissements qui la possèdent, et qu'en édictant contre les banques, pour toute contravention, des pénalités draconiennes.

Le nombre des banques américaines qui ont fait faillite ou qui ont suspendu leurs payements, même sous l'empire de la loi actuelle, et les désastres qui ont marqué aux États-Unis la crise de 1857 prouvent

suffisamment que les précautions prises par le législateur ne sont pas superflues. La sévérité de la législation est, en effet, l'unique correctif possible du régime
que l'on voudrait introduire en France, la diversité de
la monnaie fiduciaire. Cette sévérité seule peut dissi-
per en partie la défiance que fait naître nécessairement
dans les esprits la mise en circulation de billets de
banque dont l'origine, et par conséquent la valeur, ne
sont pas suffisamment connues pour s'imposer au
public avec l'autorité de l'évidence.

C'est en vain que l'on prétend conserver l'unité de
la monnaie fiduciaire parce que l'on attribue à l'État
la fonction de fabriquer les billets et de les remettre
aux banques. En transformant l'État en fournisseur
général des établissements de crédit, on assure aux
billets la même forme, les mêmes dimensions, la même
couleur : on arrive à l'uniformité, mais non à l'unité
du billet de banque. Qu'est-ce qui transforme un chiffon de papier en un billet de banque? Qu'est-ce qui en
détermine la valeur aux yeux de celui qui consent à
accepter ce chiffon de papier en payement comme de
l'or ou de l'argent? Est-ce le fait d'avoir été fabriqué
et imprimé par les soins de l'État, et de porter un
numéro d'ordre écrit de la main d'un fonctionnaire
public? Non. C'est l'estampille particulière dont une
banque a frappé ce billet et par laquelle elle l'a fait
sien. C'est cette estampllle qui est la garantie du porteur du billet, et qui lui ouvre un recours en justice
contre un établissement spécial qu'il peut prendre à
partie, si l'engagement d'échanger à vue ce billet
contre des espèces n'est pas tenu. En vain vous veil-

lerez à ce que le papier, l'impression, tous les carac-
tères extérieurs soient les mêmes, il y aura en France,
comme il y a en Amérique, autant de billets de banque
différents que d'estampilles.

Qu'en résultera-t-il ? Vous aurez beau écrire dans
la loi que chaque banque ne sera responsable que des
billets qu'elle aura émis elle-même et qu'elle aura
frappés de son estampille ; l'équité et le bon sens auront
beau vouloir qu'on ne fasse pas rejaillir sur un établissement les fautes de l'établissement voisin, il s'é-
tablira néanmoins entre toutes les banques une inévitable solidarité. Il y aura des degrés dans l'habileté
et dans la prudence avec lesquelles les diverses banques seront conduites ; il y en aura tout au moins
dans la réputation dont elles jouiront à cet égard. Il y
aura une inégalité correspondante dans le crédit des
banques et dans la confiance que leurs billets inspire-
ront ; et cette inégalité se traduira fréquemment par
un agio. Faudra-t-il donc créer en France une publication analogue au *Bank Detector* des États-Unis ? Commerçants et particuliers devront-ils s'abonner au *Contrôleur des Banques* qui leur indiquera la forme et la
couleur de l'estampille de chaque banque, le crédit
dont elle jouit, et ce que perdent ses billets ? N'est-il
pas évident que le jour où il y aura lieu de vérifier la
valeur de chaque estampille, tous les billets seront
suspects : les meilleurs seront évalués au même niveau
que les plus douteux ; et il suffira que la dépréciation
générale qui en résultera pour la monnaie fiduciaire
se traduise par le plus léger agio, pour que cette monnaie perde immédiatement son principal avantage qui

est de circuler avec la même facilité que les espèces d'or et d'argent, et de les suppléer économiquement et avec toute sécurité dans leurs fonctions essentielles ?

Il n'est pas besoin d'insister sur des choses aussi évidentes et aussi rebattues. C'est cette solidarité manifeste et forcée de toute la monnaie fiduciaire, et l'expérience des inconvénients inhérents à la pluralité des banques d'émission qui ont conduit les hommes d'État anglais à introduire dans leur pays le régime auquel la France est également arrivée, celui de l'unité du billet de banque. Ce sont les mêmes principes qui régissent la monnaie fiduciaire en Angleterre et en France. La discussion qui s'est poursuivie dans la presse a eu, au moins, le bon effet de mettre ce point particulier hors de toute contestation. Désormais il ne sera plus possible d'opposer, comme l'ont fait certains auteurs de brochures, la législation anglaise à la nôtre. M. Michel Chevalier, mieux instruit de ces questions, reconnaît et proclame avec l'autorité qui s'attache à tout ce qu'il écrit, que sir Robert Peel a effectivement voulu l'unité du billet de banque, et que le bill de 1844 a établi cette unité en Angleterre autant que le permettait le respect des droits acquis.

Seulement, l'éminent publiciste déclare professer une médiocre estime pour l'œuvre de sir Robert Peel ; il s'arme contre elle des critiques dont elle est l'objet en Angleterre et de la nécessité où le gouvernement anglais s'est trouvé par deux fois d'autoriser la Banque à l'enfreindre, en 1847 et en 1857. Nous avons déjà établi, et nous répétons que les discussions auxquelles le bill de 1844 donne encore lieu parmi les économistes et les financiers de l'Angleterre, portent uniquement sur la clause qui impose aux émissions de la Banque une limite infranchissable. Or il est à remarquer que, si la Banque d'Angleterre a été autorisée deux fois à dépasser pour ses émissions la limite légale, la seconde fois, en 1857, elle n'a pas usé de cette autorisation.

Quant à ce qui constitue l'objet réel et l'essence du bill de 1844, la suppression graduelle des banques d'émission et l'établissement de l'unité de la monnaie fiduciaire, aucune voix sérieuse ne s'est encore élevée en Angleterre contre l'œuvre de sir Robert Peel. Tous les hommes qui comptent dans la science ou dans le monde des affaires sont unanimes à en approuver le principe et à en défendre les dispositions. Quand une enquête fut faite par la Chambre des communes, dans cette même année 1857, sur les causes de la crise commerciale et sur le fonctionnement du bill de 1844, la question qui fut soulevée la première et qui fut examinée avec le plus de soin, fut de savoir s'il ne fallait pas, par un nouvel acte législatif, retirer la faculté de l'émission à toutes les banques qui en jouissaient encore en Angleterre et en Écosse. On se prononça généralement pour le maintien pur et simple de la législation en vigueur, par la raison que les émissions privées, se réduisant d'année en année, finiraient par s'éteindre naturellement, et que l'avantage à retirer de leur brusque suppression ne valait pas les embarras qui en pouvaient résulter pour le gouvernement. Il ne fut donc point question dans cette enquête de revenir sur le principe du bill de 1844, qui consacre l'unité du billet de banque, mais de réaliser immédiatement l'application complète de ce principe.

Le point fondamental de la législation anglaise et française, conforme en cela aux véritables principes de l'économie politique, est la séparation de deux choses parfaitement distinctes : la banque, c'est-à-dire le commerce de l'argent, que l'on prête à un prix plus élevé que celui auquel on se le procure, et la fabrication de la monnaie fiduciaire.

Créer le billet au porteur et à vue, c'est-à-dire une monnaie de papier qui supplée les espèces métalliques et en remplit toutes les fonctions, est évidemment un droit régalien, une prérogative de l'État. Est-il indifférent, comme semble le croire M. Michel Chevalier, que cette prérogative soit exercée directement par l'État ou qu'elle soit déléguée par lui à un intermédiaire responsable ?

Ce n'est point le hasard qui a tranché cette question. Elle a été posée et examinée de la façon la plus sérieuse. Sir Robert Peel et tous les hommes d'État anglais ne se sont point prononcés à la légère en faveur du système de la délégation (1). Ils ont pensé que, pour une

(1) « L'unique avantage que j'ai pu découvrir dans l'idée d'une banque d'émission fondée par le gouvernement, comparée à une banque tenue par une compagnie, c'est que la première serait administrée par des agents responsables; mais, d'un autre côté, je crois que cet avantage serait plus que compensé par les dangers politiques qui résulteraient infailliblement du fonctionnement d'une banque organisée sous le contrôle du gouvernement. Je crois, je le répète, qu'il y aurait danger à ce que l'État eût la direction souveraine de la circulation du pays. Aussi, le gouvernement vient-il par mon organe proposer à la chambre de proroger les priviléges de la Banque, en

monnaie qui ne porte pas en elle-même sa valeur, comme les espèces métalliques, et dont la circulation dépend uniquement de la confiance publique, il ne suffisait pas d'écrire dans la loi certaines précautions et certaines restrictions; et qu'en remettant la fabrication de cette monnaie à un intermédiaire responsable de l'observation de la loi et astreint à la publication périodique de ses actes, on établissait un contrôle plus efficace, et d'autant plus propre à inspirer la confiance, que tout le monde y serait associé.

Si ces raisons ont paru décisives aux hommes d'État anglais, n'ont-elles pas plus de force encore en France, où le souvenir de la banque de Law et des assignats pèse encore sur la monnaie fiduciaire? Supposons le régime américain introduit en France, supposons le gouvernement chargé de fabriquer des billets au porteur et à vue pour tous les établissements qui vou-

---

lui imposant pour toute condition de soumettre au contrôle de la publicité le compte rendu de ses opérations et le bilan de ses ressources. »

(*Discours de lord Althorp à la Chambre des communes, en présentant le bill de 1833 pour le renouvellement du privilége de la Banque*).

« Je partage entièrement l'avis de lord Althorp, en ce qui concerne les avantages de la Banque d'Angleterre comparée à une banque du gouvernement.....

» Le gouvernement pense qu'il est d'une haute importance d'attribuer à une seule banque d'émission un droit de contrôle sur les banques locales; et, guidé par ce principe qu'il est sage de se servir des instruments qu'on a sous la main, il est d'avis qu'il vaut mieux confier ce droit à la Banque d'Angleterre, que de nommer des commissaires qui seraient chargés, sous l'autorité du Parlement, d'émettre du papier de circulation. »

(*Discours de sir Robert Peel en présentant le bill de 1844*).

draient en émettre, la planche aux billets ne succéderait-elle pas dans les préjugés populaires à la planche aux assignats ? Ne verrait-on pas, en temps de crise financière ou politique, naître le soupçon que le gouvernement, pressé par le besoin et désireux de se créer des ressources, s'est mis d'accord avec certains établissements de crédit, et qu'il tolère des émissions en dehors des prescriptions légales, afin d'en partager le produit ? Cette calomnie ne suffirait-elle pas pour enlever au public toute confiance dans les billets de toutes les banques indistinctement, et pour réduire à néant la valeur de toute notre circulation fiduciaire ? En regard de pareils dangers, que deviennent les inconvénients qu'on affecte de reprocher à l'unité de circulation, c'est-à-dire au billet de banque unique, émis par un seul établissement, sous le double contrôle du gouvernement et du public ? Criez au luxe des précautions et à l'excès de prudence : nous sommes convaincu que les hommes d'affaires, pour qui la sécurité des transactions est le premier besoin, n'y verront qu'un motif de plus de s'attacher à un système qui leur offre toute garantie ; nous estimons, en outre, que leur opinion est d'accord avec les leçons de l'expérience et avec les enseignements de la science.

En effet, les écrivains et les spéculateurs qui réclament pour les établissements de crédit, déjà investis du droit de créer des valeurs commerciales par la simple signature de leurs gérants, le partage de l'émission des billets au porteur et à vue, nous paraissent faire une confusion indigne d'un esprit éclairé. Ils sont encore sous le joug d'une illusion dont les progrès de la science ont fait justice. Faute de se rendre compte de la nature véritable du billet de banque, ils persistent à vouloir, comme autrefois Law, lui faire jouer deux rôles absolument contradictoires : celui d'une monnaie fiduciaire, c'est-à-dire d'une représentation exacte et toujours conversible de la monnaie numéraire; et celui d'un capital supplémentaire et artificiel qu'on peut ajouter arbitrairement à un capital réel pour subvenir à une somme plus considérable d'affaires.

On ne peut réunir deux natures opposées. Pour que le billet de banque soit une véritable monnaie, pour qu'il circule avec la même facilité que les espèces, sans entraîner pour celui qui l'offre en payement un sacrifice pécuniaire, ou pour celui qui l'accepte un sacrifice de sécurité, il faut qu'il soit toujours et partout conversible en or et en argent. Il doit donc être, suivant la forte expression de lord Overstone, l'ombre du numéraire. De même qu'il n'y a point d'ombre sans un corps qui la produise, il ne doit point y avoir un seul billet de banque, sans qu'il en existe quelque part l'exacte contre-valeur.

Faites-vous, au contraire, du billet de banque un capital supplémentaire pour celui qui l'émet, et non plus la représentation d'un capital existant? En devenant un élément de spéculation, soumis aux chances du commerce, le billet de banque perd nécessairement en valeur, en proportion de ce que les gens qui l'acceptent perdent en sécurité. Partout où le remboursement en espèces est suspendu, comme en Autriche et en Russie, les billets subissent un agio considérable. Partout où leur conversibilité est imparfaitement assurée, comme en Amérique, ils éprouvent une dépréciation qui oscille entre 1/2 et 1 1/2 0/0 pour les banques du Massachusetts et de New-York, et qui allait fréquemment à 3 et 4 0/0, et même fort au delà, pour les banques des États du Sud.

On nous objectera que c'est réduire singulièrement le rôle du billet de banque que d'en faire purement et simplement une monnaie, ou plutôt la représentation de la monnaie existante. Cette objection n'a rien qui nous émeuve. Nous estimons que c'est là, en effet, le rôle véritable et unique du billet de banque, tel qu'il ressort de l'enseignement des faits.

Nous ne comprendrions l'importance qu'on paraît attacher à multiplier les billets de banque, que s'ils étaient l'instrument indispensable des transactions et le dernier mot de la pratique financière. Il est loin d'en être ainsi. L'emploi des billets de banque a été incontestablement un progrès sur l'emploi unique du numéraire. Il évite, en effet, la détérioration des espèces, il est à la fois plus économique et plus commode.

Mais le billet de banque a plusieurs inconvénients, dont le premier est son extrême destructibilité. Il peut être volé, il peut être perdu, il peut être brûlé; et, alors, il disparaît sans laisser de traces. C'est un capital absolument détruit, et, pour l'ancien possesseur, une perte irréparable.

La lettre circulaire de crédit que les maisons anglaises délivrent aux gens qui vont en voyage, le carnet de chèques qu'elles remettent pour les transactions à l'intérieur, offrent les avantages des billets de banque sans en avoir les inconvénients. Le billet de banque que vous avez en portefeuille est un capital improductif : avec la lettre de crédit ou le carnet de chèques, vos fonds ne cessent de produire, à votre compte, qu'à mesure que vous les dépensez; si vous venez à perdre la lettre ou le carnet, vous en êtes quitte pour les faire remplacer : vous n'êtes point atteint dans votre fortune.

Nous comprenons à merveille que les amis du progrès s'attachent à faire connaître ces nouveaux et utiles instruments de crédit et à en introduire l'usage en France. Familiariser le public avec ce mode ingénieux d'utiliser et de faire fructifier la moindre épargne; ajouter ainsi aux sources de la richesse nationale, c'est rendre service au pays. C'est faire fausse route, au contraire, que de vouloir toucher à notre législation en fait de monnaie fiduciaire.

La France et l'Angleterre sont arrivées aujourd'hui à la perfection de la monnaie fiduciaire, puisqu'elles possèdent toutes deux un billet de banque qui est accepté et prisé à l'égal de l'or et qui est souvent employé de préférence à l'or. Si, par d'imprudents emprunts à la législation américaine, et en substituant la pluralité des banques d'émission et l'unité qu'elles ont réalisée, elles diminuaient l'autorité et la valeur de cette monnaie fiduciaire, elles commettraient la même erreur et recueilleraient les mêmes conséquences que les souverains du moyen âge, quand ils altéraient la monnaie métallique.

PARIS. TYPOGRAPHIE DE HENRI PLON, IMPRIMEUR DE L'EMPEREUR, RUE GARANCIÈRE, 8.